(Par L.-Germain Petitain.)

DESCRIPTION

D'UNE

MACHINE CURIEUSE,

NOUVELLEMENT MONTÉE

AU PALAIS CI-DEVANT BOURBON.

Comme avec irrévérence parle des Dieux ce maraud !

SE vend à Paris, rue Jean-Tison, n°. 217.
ET chez les Marchands de Nouveautés.

AN VI.

AVIS
AUX AMATEURS.

Tous les Amateurs sont invités à se transporter au Palais ci-devant Bourbon. Ils y verront *gratis* une MACHINE vraiment merveilleuse dans son jeu et dans ses effets. La description qu'on en va faire ne pourra que leur en donner une très-faible idée, mais au moins suffira pour piquer leur curiosité.

Cette Machine toute particuliere n'est vraiment pas facile à décrire. On sait qu'une Machine en général est un être non-intelligent, un composé plus ou moins compliqué de leviers, de roues et autres pieces, toutes dépendantes les unes des autres, mais toutes inertes et passives. Un mobile connu leur donne l'impulsion nécessaire sous la direction d'un être intelligent, actif, qui peut à son gré pousser, retarder ou suspendre le mouvement total. Ici, c'est bien une autre chose, Lecteurs; la Machine que j'offre à votre curiosité est une MACHINE INTELLIGENTE. Entendons-nous pourtant, et hâtons-nous de sauver cette apparente contradiction dans les termes. Quand je dis *Machine intelligente*, c'est d'une intelligence intermittente, s'il est permis de parler ainsi. Toutes les parties sans exception, toutes les pièces de ma

Machine sont incontestablement douées dans le principe d'une intelligence plus ou moins bornée. Toutes peuvent donc agir et se mouvoir indépendamment les unes des autres, et du mouvement spontané de chacune d'elles doit résulter un mouvement général, un effet unique. Ce cas est le plus naturel; mais souvent aussi, il faut que je l'avoue. Souvent il arrive qu'un certain nombre, par exemple, deux ou trois centaines de ces pièces, perdant tout-à-coup ou renonçant volontairement à l'intelligence, deviennent instrumens passifs, tantôt immobiles dans le mouvement général, tantôt mues aveuglément par les autres pièces qui ont conservé leur intelligence, et qui paraissent avoir augmenté d'autant leur activité. Cet état de choses dans la Machine d'ailleurs ne dure pas. Après un tems plus ou moins long, et suivant la nature des Corps extérieurs qui agissent et réagissent sur elle, il arrive que ces pièces jusqu'alors instrumens aveugles et comme inanimés, reprennent soudain leur mouvement propre avec l'intelligence et une activité souvent plus forte que jamais. Dans ce cas, les autres pièces perdent à leur tour ce que les premieres ont regagné. Inintelligentes, insensibles et comme frappées de mort, elles se soumettent alors au mouvement qu'on leur imprime, ou n'ont plus qu'une force d'inertie, ou quelquefois même renonçant à leur existence comme pièces intégrantes de la Machine, elles laissent leur place vuide et l'on n'en parle plus.

En me résumant, Lecteurs, toutes les pièces de ma Machine y jouent alternativement un rôle actif et passif, voyez-vous, et cette intelligence qui semblerait devoir l'animer toute entière, ne fait réellement que se promener d'un bout de la Machine à l'autre, et en animer une portion seulement, tantôt celle-ci, tantôt celle-là.

Ce n'est pas tout, Lecteurs. L'action des Corps extérieurs et mille autres causes que vous saurez appercevoir peuvent amener un changement encore plus extraordinaire. Il peut arriver que la très-grande partie des pièces qui composent ma Machine devienne tout-à-coup inanimée et passive ou soit comprimée de manière à paraître telle. Alors l'intelligence et la faculté de se mouvoir se concentrent dans le nombre souvent très-petit des autres parties restantes. Que dis-je? il est possible, et j'ai vu (croyez-m'en, Lecteurs) j'ai vu dans cette singuliere Machine TOUTES les pièces HORS UNE, réduites à cet état d'inaction, volontaire ou non, mais réelle. J'ai vu cette pièce unique, maîtresse et comme dépositaire de l'intelligence de toutes les autres, les faire toutes mouvoir à son gré, ou les forcer au repos. Je l'ai vu les chasser de la Machine quand leur présence contrariait ses mouvemens, et même en cas de résistance les briser, les pulvériser sans effort. Il y avait cela d'extraordinaire que cette pièce dominatrice et seule agissante, loin d'avoir sur les autres aucun avantage réel, soit physique soit moral, était au contraire inférieure en tout à la plupart des autres pièces qu'une force invincible semblait soumettre à la plus faible. Le hazard, la position, les alentours ont tout fait, et pour comble enfin d'originalité, on a remarqué que si dans cette circonstance les mouvements imprimés à toute la Machine furent convulsifs, affreux, exécrables, jamais aussi on n'y vit plus d'ensemble, plus de précision, de force réelle et d'activité.

Ces idées générales, et conformes d'ailleurs à l'exacte vérité, me semblent de nature à exciter d'avance une curiosité vive. Quel monument du génie et de l'industrie humaine ! Mais quel est le but de cette Machine? Qui l'a pu construire, et quels ressorts, quels Agens nouveaux et inconnus l'inventeur a-t-il mis en œuvre pour produire d'aussi singuliers effets? Patience, Lecteurs; les détails qui vont suivre pourront, sinon résoudre pleinement, au moins éclaircir ces difficultés.

Je dois vous prévenir aussi, et peut-être vous sentez d'avance, que la *description* d'une Machine si bizarre, et qui sort de l'ordre commun de toutes les Machines, ne peut pas ressembler non plus aux descriptions ordinaires, en usage dans la Mécanique, où tout s'explique par figures et, peut se mesurer au compas. Ma Machine est, comme je vous l'ai dit, une Machine intelligente. Quoique soumise, à beaucoup d'égards, aux loix physiques de l'équilibre et du mouvement, elle reçoit aussi l'influence des causes morales. Elle obéit donc aussi aux lois morales; son action se compose de ces deux déterminations.... et déjà, Lecteurs, voyez quelle tâche je m'impose ! Si les Méchaniciens en général ne sont pas trop clairs dans leurs descriptions, si les Moralistes et les Métaphysiciens le sont encore moins dans ce qu'ils nous veulent expliquer, jugez des difficultés que j'ai à vaincre, forcé que je suis d'employer à la fois deux langages et deux méthodes si différentes. J'ai tort de me plaindre au surplus ; outre que votre indulgence ne peut me manquer dans cette tâche difficile, j'en peux profiter pour moi-même, en laissant à dessein quelque obscurité dans certaines parties de ma description. Plus d'un motif m'y engage, sans doute, et ces légers nuages, achevant encore de piquer la curiosité, vous vous flatterez de les dissiper en voyant la Machine elle-même. Ainsi j'aurai rempli plusieurs buts à la fois.

Par suite de ces difficultés et de l'étrange description que j'ai à vous faire, vous devez vous attendre, Lecteurs, à trouver ici des styles différens, et vous ne vous étonnerez pas de me voir, tantôt concis et sec comme un démonstrateur, tantôt diffus et emphatiquement disert comme un Auteur moral. Vous ne m'imputerez pas ce mélange bizarre ; c'est la nature de la chose qui le veut ainsi. Passons.

En deux mots, voici ma Machine

Cinq cens bascules....... Arrêtons-nous ici. Plus d'un Lecteur, Parisien de naissance ou d'éducation, peut ignorer la signification propre de ce mot *bascule*, quoiqu'en en faisant usage tous les jours. Pour me faire entendre, je vais donc employer un objet de comparaison très-commun, et qui même a tant de rapports avec ce que j'ai à décrire qu'il pourrait à la rigueur y être substitué. — Dans une souricière, (vous savez tous au moins, Lecteurs, ce que c'est qu'une souricière), un bois mobile est balancé sur un petit pivot auquel il est attaché, et qui lui sert de point d'appui. Ce bois soutient, d'un bout, une trappe, dont vous savez tous l'usage ; de l'autre, il est soutenu par un fil de fer, au bout duquel est attaché l'appas fatal que la pauvre souris vient saisir. En ma qualité d'écrivain moral, je pourrais vîte tirer de-là une foule d'applications sentencieuses, vous comparer, Lecteurs, à cette souris, parler au long des souricières de toute espèce qui vous sont tendues dans le monde : mais non, je sais me borner. La matière ne me manquera pas pour m'étendre, et je ne veux pas abuser de mon privilège. Eh bien ! Lecteurs, ce bois mobile de la souricière est proprement ce qu'on appelle *bascule*. Maintenant, pour ne pas quitter un objet de comparaison si familier, et vous faciliter plus encore l'intelligence de ce que j'ai à dire, supposez qu'au lieu de lever ou baisser une trappe, ce même petit bois ou bascule, ne fait dans ses mouvemens qu'ouvrir et fermer tour-à-tour une *soupape* ; que cette soupape en s'ouvrant fait entendre des mots articulés, tantôt des monosyllabes, tantôt des discours suivis, souvent même d'éternelles harangues ; tantôt enfin, ou des *Ah ! Ah !* des *Oh ! Oh !* ou un bruit sourd et tumultueux, ou des cris aigus, ou des vociférations effroyables. Pour faire agir la bascule, et conséquemment faire parler ou taire cette soupape si bruyante, plaçons à côté du pivot et au point d'appui même, un mobile faible d'ailleurs, indolent, et presque sans vertu, comme qui dirait par exemple l'*Intérêt public* :

à l'autre bout de la bascule, (à l'opposite de celui qui fait agir la soupape) plaçons au contraire un mobile puissant, toujours éveil é, toujours actif, comme qui dirait l'*Intérêt particulier.* Qu'arrivera-t-il ? suivez-moi bien, Lecteurs. L'intérêt public joignant à sa propre faiblesse le désavantage de sa position, puisqu'il n'agit que par un levier que nous appellons, nous autres Méchaniciens, levier *du troisième genre,* le plus défavorable de tous, l'Intérêt public, dis-je, ne peut qu'avec de grands efforts, et a de longs intervalles, entr'ouvrir à peine la soupape parlante, et en tirer quelques mots entrecoupés, quelques sons plaintifs, toujours perdus dans le bruit général. Bien au contraire, l'Intérêt particulier placé au bout d'un levier irrésistible, et toujours aux aguets, doit presque sans cesse, à chaque mouche qui le pique, fatiguer la bascule par des mouvemens rapides et forcenés, user, égosiller la soupape qui crie alors à tue-tête, faire enfin un tapage d'enfer; tandis que son pauvre compagnon, l'Intérêt public, ne peut rien faire, n'ose rien dire, et, qui pis est, reçoit souvent des contre-coups mortels. Je crois, par cette comparaison si facile à entendre, vous avoir bien préparé, Lecteurs, à l'intelligence de ma *Description,* que je ne veux pas enfin retarder plus long-tems.

Cinq-cents bascules.... Il faut pourtant que je m'arrête encore ici. Je vous ai prévenu que ma description ne ressemblerait, dans son style, à nulle autre. Prenez donc sur cela votre parti; j'ai pris le mien.

Quand je dis *cinq-cents*, ne croyez pas que ce nombre soit absolument nécessaire. Je sais bien que dans nos machines ordinaires, on vise à la simplicité, on diminue, autant que possible, le nombre des rouages et des pièces intégrantes. Dans celle-ci, l'inventeur a fait comme la nature; large dans ses moyens, et puissant comme elle, il a prodigué ses agens, et n'a pas craint les inconvéniens de leur multiplicité. Il s'est borné pourtant dans leur nombre, et a prescrit à ses Agens des règles, en leur laissant une certaine latitude. Malgré cette latitude toujours trop étroite, il arrive que les règles sont ou éludées ou violées, sans que pour cela (oh étonnant prodige! effet merveilleux d'une construction savante!) la Machine paraisse en aller plus mal. Je vous préviens donc, Lecteurs, que ma description vous donnera l'exposé de ces règles, sans vous laisser ignorer pourtant comment on peut les enfreindre. Ma description, en un mot, basée sur le *droit*, doit aussi vous instruire complètement du *fait*. Je reprends.

Cinq-cents bascules...... Mais sont-ce bien réellement des bascules? Il est certain que, dans leur forme, elles paraissent différer beaucoup de cette vraie bascule dont je vous parlais tout-à-l'heure; et, à vrai dire, la Machine, dans ses opérations, offrant des résultats d'une importance grave, c'eût été provoquer de mauvaises plaisanteries, que donner à toutes ces bascules la forme d'autant de souricières. L'inventeur en a donc adopté une autre; mais, tout considéré, et la forme ne faisant rien à l'affaire, je persiste dans ma dénomination de *bascules*. Quoiqu'il en soit, voici leur forme.

Au-lieu du bois mobile de la souricière, imaginez, Lecteurs, une forme humaine, une figure, un homme enfin blanc, noir, roux, n'importe; grand, gros, petit, maigre, comme il vous plaira; mais assis, ASSIS, point essentiel, et cependant pour se lever a volonté, pouvant plier dans ses deux principales jointures, je veux dire les reins et les genoux; qu'à ses pieds, et accosté contre ses genoux, l'Intérêt public. cet Agent si mal pourvu, fasse effort, en agissant le long des cuisses, pour faire lever la figure toute entière. Sa position et son levier sont au fond absolument les mêmes que près du pivot de la souricière. Même désavantage, même travail, même impuissance. Au contraire, pour faire lever bien plus aisément la figure, où placerons-nous l'Intérêt particulier, Lecteurs? Sous le derrière, révérence parler. Cet Agent si favorisé est, comme vous savez, tout hérissé d'aiguillons; et le derrière étant, comme vous savez encore, la partie sensible par excellence, il arrive nécessairement qu'à la moindre impulsion, au moindre coup d'aiguillon, le derrière se lève et la figure aussi. Autant d'impulsions, autant de ces mouvemens comiques de bas en haut, et cela sans effort, aussi rapidement qu'il est nécessaire, précisément, tenez, comme fait le sautereau d'une épinette. J'ai vraiment du bonheur dans le choix de mes comparaisons.

Il est clair que l'avantage du second agent, dans cette position, n'est pas moindre qu'au bout de la bascule sur la souricière. Aucun homme de l'art ne peut me contester ces propositions.

Reste à savoir où l'habile Machiniste a dû placer cette soupape parlante, mugissante, vociférante, si essentielle à sa Mahine. Eh! pardine, la chose est facile à trouver. La bouche de la figure, ses deux lèvres toujours extrêmement mobiles en feront fonction, par une communication facile à établir de la bouche au derrière, du derrière à la jointure des genoux; et qu'on dise tout ce qu'on voudra, mais voilà ma bascule revenue, vraie bascule de souricière. Je persiste donc, et je dis enfin :

Cinq-cens bascules rangées en bon ordre sur desgradinsetdans une espace à-peu-près circulaire, toutes égales ou censées telles, se regardent toutes réciproqu ement. Toutes en apparence étrangères l'une à l'autre, sans aucune communication visible qui détermine le mouvement de chacune d'elles, elles ne doivent rigoureusement connaître d'autre mobile qu'un des deux Agents dont nous avons parlé, et cet Agent qui leur est donné, auquel seul elles devraient obéir, est malheureusement le plus faible et le plus mal placé. L'Inventeur de la Machine a bien prévu la présence continuelle du second Agent si actif qu'il eut voulu chasser; mais ne pouvant espérer d'y parvenir, il a pensé qu'au moins dans les cas ordinaires, et vu la destination propre de sa Machine, ces deux Agents seraient toujours d'accord.

Et ici je dois vous dire, Lecteurs, que cet accord a réellement lieu dans toute bascule bien constituée. Mais voici bien une autre affaire: notre sublime Machiniste a bien été maître de l'arrangement total, de la constitution de la Machine; mais hélas! il n'a pas été et jamais ne sera maître de la constitution de ses bascules. Il les prend comme on les lui donne, et voyez quelle fatalité! Non seulement il court le risque de mettre en jeu des bascules qu'on lui fait payer pour bonnes et qui ne le sont point, mais il arrive encore que les bonnes bascules se déteriorent promptement par le seul jeu de la Machine. Le contact d'une bascule gâtée souvent gâte sa voisine et le mal gagne de proche en proche. J'ai dit de plus que toutes ces bascules sont douées d'une portion d'intelligence et cela est vrai. Or l'intelligence ne va pas sans passions, grandes ou petites. Elles s'éveillent avec le pouvoir, avec la vanité, avec les tentations de toute espece; un grand théâtre enfin leur est offert; c'est alors que l'Intérêt particulier, ce porc-epic fougueux, darde tous ses aiguillons contre le gros derriere qui l'écrase. A la moindre piqûre, celui-ci se leve, se baisse, se leve encore, les genoux, les reins y suffisent à peine, la soupape n'en peut mais. Enfin, car il faut tout dire, le travail imposé à chaque bascule est ou très-pénible, ou très-facile, ou nul, selon qu'il lui plaît de s'y livrer. A cet égard, elle a toujours le prendre ou le laisser, toujours libre de faire ou ne pas faire, et dans ces deux cas pourtant, toujours entretenue et à grands frais. Or jugez, dans cette heureuse situation, que de bascules volontairement inutiles. Les unes par l'effet de l'insouciance et de l'apathie, ou par la conscience de leur inaptitude et de leur faiblesse se soumettent volontiers à l'inaction totale, ou tout au plus pour faire acte de présence et de vie, se décident dans les grandes occasions à quelques mouvemens de bas en haut, mais faibles, incertains, à peine remarqués. D'autres encore, dédaignant même d'aller remplir leurs places, restent chacune dans sa petite boëte, étrangères à tous les mouvements quelconques de la Machine. Celles-là, nous les appellerons, si vous voulez, des bascules *ad hónores*, des bascules de nom, des bascules mortes et préférables encore, dans cette inaction complète, à tant d'autres bascules aveugles et passives, soumises dans leur mouvement à l'impulsion des bascules dominatrices. D'autres enfin vont suivant leur caprice, et bien loin de la Machine prendre part à l'action des Corps extérieurs, s'immiscer même dans d'autres Machines d'un genre ou d'une nature toute différente; celle-ci dans un négoce, celle-là dans une spéculation. On en voit même qui font des Odes, des pamphlets rimés, des Tragédies, tout cela bien patriotique sans doute, et fort utile peut-être; mais les bonnes gens, tout en lisant leurs vers avec plaisir, ne peuvent s'empêcher de dire avec un peu d'humeur : *à quoi ces bascules là passent-elles leur tems ? Ce n'est pas pour faire des vers que nous les avons placées là et que nous payons si cher leur entretien journalier* (*).

(*) « A la naissance de la Comédie, il fut permis à

Je reprends ma description.

Par ce que je viens de dire vous comprenez, Lecteurs, que si le Machiniste a fixé le nombre de ses bascules à 500, léur nombre réel est souvent bien inférieur, sans cependant pouvoir être jamais moindre de 200, et je peux d'avance vous assurer que le nombre effectif des bascules présentes est ordinairement plus approchant du *minimum* que du *maximum*. Que diable font donc toutes les autres ? Quoiqu'il en soit, ces bascules réunies n'ont jamais d'autre mouvement à faire que ce mouvement de bas en haut dont j'ai déjà tant parlé, et voici ce qui le détermine.

Une bascule seule se place sur une espèce de banc assez élevé. Là, elle provoque ce mouvement par son exemple, et sur-tout par la vive agitation de sa soupape. A ce signal, que doit-il arriver ? Les bascules que cette provocation sollicite à se mouvoir aussi, vont, à tour de rôle, se succéder sur le même banc où la première s'était agitée; et l'une après l'autre, elles y recommencent le même jeu, quand toutes les autres bascules présentes restent coi ou coies. Voilà incontestablement ce qui *doit* se faire, mais ce qui ne se fait presque jamais.

» tousles Athéniens de s'exercer dans ce genre de Littérature. On n'excepta que *les Membres de l'Aréopage*. » (Plut. *de glor. Athen.*) Et comment des hommes si » graves dans leur maintien et si sévères dans leurs mœurs, » pourraient-ils s'occuper des ridicules de la société ? »

Voyage d'Anacharsis. CHAP. 18.

Ici, Lecteurs, la scène peut varier à l'infini. Tantôt la bascule première provocante, n'est pas remarquée dans un tumulte long-tems prolongé, reste d'une agitation précédente; tantôt 100 soupapes s'agitent à la fois, tout exprès pour empêcher qu'on fasse attention à l'*oratrice ;* tantôt enfin, un grand nombre de bascules se font oratrices à la fois; elles se poussent, se heurtent rudement sur le banc de provocation, et les bascules provoquées ne savent sur laquelle se régler. Les plus sages, en ce cas, restent dans l'inaction et le silence, quand les autres se meuvent au hasard, et font travailler leurs soupapes sans motifs distincts, sans but déterminé. Je n'aurais jamais fait, je m'y perdrais moi-même, si j'entreprenais de vous tracer tous les tableaux variés que peut présenter cette scène originale; mais vous les devinez aisément, et vous jugez du beau tapage qui doit en résulter. Au surplus, je dois le dire, cette confusion, ce tapage, n'est pas ce dont il faut s'effrayer le plus. Cet inconvénient existe dans tous les pays sans exceptions, où l'on a voulu construire de pareilles Machines (*).

(*) *Extrait du voyage du Cap. Cook à O-Taïti.* — 11 *Aout* 1777.

Tous les Chefs qui se trouvaient dans ce canton s'assemblèrent à la maison d'Otoo ou j'étais alors et j'eus l'honneur d'être admis à leur conseil. L'un des députés exposa le sujet de la délibération et il prononça un long discours. Je ne compris guères que les articles principaux de la harangue; il fit le tableau des affaires à Timeo et il invita les chefs d'O-Taïti à se réunir et à prendre les

Tant

Tout ce préliminaire de mouvemens irréguliers, de soupapes agitées, et parlant toutes à la fois, n'est qu'une préparation plus ou moins nécessaire à une grande épreuve, une grande opération, la seule importante, la seule qui est le vrai but de la Machine, et pour laquelle elle fut expressément construite. Redoublez d'attention, Lecteurs.

Après un tems plus ou moins long, on sent qu'il faut en finir, et le calme se rêtablit, ou à-peu-près. Alors une certaine bascule jusqu'alors étrangère à l'agitation précédente, ou réputée telle, se lève; on la distingue par le fauteuil qu'elle occupe. Le mouvement paisible et régulier de sa soupape commande l'attention, et s'il ne suffit pas, elle s'aide d'un instrument bruyant qu'on a réservé exclusivement pour le service de la Machine, en en proscrivant l'usage partout ailleurs. (Je me trompe; ce même instrument sert encore aujourd'hui à réunir les con-

---

armes. Cet avis fut combattu par d'autres orateurs qui voulaient attendre que l'ennemi commençât les hostilités; il regna d'abord beaucoup de décence dans le débat et les conseillers ne parlèrent que l'un après l'autre. L'assemblée devint ensuite orageuse, et je crus qu'elle se terminerait par des violences, comme les dietes de Pologne; mais les grands personnages qui s'étoient échauffés si brusquement, se calmèrent de même et le bon ordre se rétablit bientôt. La faction qui desirait la guerre l'emporta enfin, et il fut décidé qu'ils enverraient un armement considérable au service de leurs amis. Cette resolution fut loin d'obtenir l'unanimité des suffrages, etc. etc.

Tom. 3. Page 230. — Ed. *in*-8°.

vives dans les maisons opulentes et les grands banquets; et l'on observe même, en général, que nos bascules, souvent rebelles à ce son argentin dans l'intérieur de la Machine, n'y résistent jamais quand elles l'entendent au-dehors). La bascule du fauteuil, sans provoquer aucun mouvement nouveau, n'a autre chose à faire qu'à répéter en raccourci les provocations précédentes, et ce n'est pas une petite affaire. Par sa manière de faire cette récapitulation sommaire, elle doit agir de sorte que chacune de toutes les autres bascules se détermine promptement vers l'un ou l'autre de deux points fixes et contraires, l'un positif et l'autre négatif; c'est *oui* d'un côté, *non* de l'autre, et chacun de ces deux points est successivement mis en question. Dans la première épreuve, celles des bascules, que le point affirmatif attire, se lèvent; dans la seconde, celles qui penchent vers le point contraire se lèvent à leur tour. Tout finit par-là.

Qu'arrive-t-il alors? Celui des deux points vers lequel *le plus grand nombre* de bascules s'est déterminé, est le point qui décide. Si le point négatif l'emporte, le résultat est nul. C'est véritablement ce qu'on appelle *rien*. Si c'est le point affirmatif, le résultat, même en ce dernier cas, souvent n'est pas grand chose; mais quelquefois aussi, l'objet produit est majeur; et, s'il faut le dire, la nature de cet objet a, jusqu'à présent, terriblement varié. Tour-à-tour utile et nuisible, droit et tortu, respectable et ridicule, bienfaisant et désastreux, hier blanc, aujourd'hui noir, tantôt fruit d'un long travail et profondément réfléchi, tantôt comme jeté au moule, effet subit et prompt d'une détermination hasardée et bientôt détruit de même. En vérité, Lecteurs, plus j'y pense, plus des résultats si divers m'étonnent, me confondent, et mes pensées incertaines sont, comme les bascules de ma Machine, agitées en différens sens par deux mouvemens contraires. Cette Machine singulière est-elle en définitif bonne et utile, essentiellement desirable? A-t-elle compensé, ou peut-on espérer qu'elle compensera, par un bien réel, les pertes de tout genre, et les sacrifices qu'elle a coûtés? Moi-même, dois-je aborder ces questions? Irai-je, d'une main téméraire et impie, profaner cette arche sainte, dont le seul contact peut frapper de mort?... Pas si bête, Lecteurs, et si j'avais à craindre ce fâcheux résultat..... Mais non, ma bonne intention me rassure; et, quoiqu'on en puisse présumer, je prouverais mieux qu'un autre peut-être, que je ne suis pas du nombre des impies.

Tout va naturellement s'expliquer par ce qui va suivre. Cet objet fixe et certain, ce résultat positif donné par le plus grand nombre de bascules dirigées vers le *oui*, est désigné dans le langage ordinaire par ce nom imposant et sacré Loi. De-là, vous pouvez juger des précautions qu'on a dû prendre pour que, dans la Machine à loix, aucun accident, aucun mécompte ne put en déranger l'économie, arrêter ou forcer ses mouvemens, et lui faire manquer le but de sa construction. Par exemple, vous présumez déjà sans doute qu'on n'a rien négligé pour s'assurer du nombre des bascules qui se lèvent dans la question affirmative, comparativement au nombre de celles qui se lèvent dans la question contraire. Vous pensez aussi que, pour mieux assurer ce grand résultat, les plus minutieux détails ont été prévus. Vous présumez tout cela, Lecteurs, et vous avez raison. Hé bien, je vais vous faire connaître les précautions auxquelles le Machiniste s'est borné. Peut-être en plus d'un point le trouverez-vous en défaut, ce Machiniste habile. Hélas! il était homme, et moi qui vous annonce une Machine curieuse, merveilleuse, je suis loin de vous annoncer une Machine parfaite.

Lorsqu'on procède aux deux épreuves, et qu'il s'agit de déterminer lequel du *oui* ou du *non* a pour lui *le plus grand nombre*, le compte en est bientôt fait. Cela se décide au coup d'œil, à vue de pays; et déjà vous pouvez voir, Lecteurs, combien cette apparence est trompeuse, combien la conclusion qu'on en tire est hasardée, même dans les cas où elle paraît la plus sûre. En effet, supposons que sur 200 bascules présentes, 40 se lèvent lors de la question affirmative. A cet aspect, qui ne croira d'abord que les 160 autres, restant baissées, se lèveront quand on posera la question contraire? Point du tout; la question négative se pose, et 10 bascules seulement se lèvent à leur tour. Pourquoi cette singularité? Pourquoi 150 bascules sur 200, n'ont-elles remué ni pour *oui* ni pour *non?* C'est qu'elles n'ont pu ou n'ont voulu le faire. Les unes n'ont pas encore eu le tems de connaître à fond l'objet proposé; les autres ont dédaigné de s'en occuper; d'autres lisent encore leurs dépêches, ou parcourent un journal, ou lorgnent les assistantes; celle-ci dort, celle-là fait des vers. Lecteurs, n'est il pas clair qu'en cette occasion, 50 bascules ont seules opéré; et dans ce cas pourtant, comme dans tous les autres, le résultat final est toujours censé l'ouvrage, je ne dis pas des 200 présentes, mais des 500 bascules dont la Machine se compose.

Il est vrai que dans les cas évidens d'incertitude, on emploie un moyen plus sûr, c'est-à-dire, le calcul effectif; et c'est à ces deux procédés généraux et fondamentaux que l'inventeur s'est borné pour assurer la marche de sa Machine, pour obtenir toujours un résultat certain. Il est clair pourtant que mille autres précautions de détail étaient nécessaires; par exemple, pour avoir chaque jour le plus grand nombre possible de bascules présentes, pour ménager leurs forces, en leur épargnant des mouvemens uniformes et trop souvent répétés, pour empêcher ces provocations illusoires ou indéterminées, ou étrangères au vrai but de la Machine, et souvent si minces par leur objet, qu'elles ne peuvent mouvoir qu'un nombre très-petit de bascules, seules sensibles au contact; enfin, pour fixer les heures, les rangs, les formes, les couleurs, etc, etc. Quand à tous ces objets, notre Machiniste, le dirai-je, ou trop confiant ou inhabile, paraît ne pas en avoir connu l'importance. En un mot, pour tous ces détails, se reposant sur ses bascules, il leur a laissé le soin de s'arranger, de *se régler* elles-même. Ce *réglement* est fait; mais, hélas! déjà incomplet par elle-même, j'aurais trop affaire de vous en indiquer tous les articles ou tombés en désuétude ou violés impunément chaque jour. Vous n'aurez que trop d'occasions de les remarquer vous-même, Lecteurs, et j'aime à vous laisser aussi quelque chose à décrire.

Je vous ai fait entrevoir dès le commencement une des singularités les plus frappantes de ma Machine et je ne doute pas que vous ne soyez très-impatiens d'en connaître la cause. Je veux parler de cette *intelligence intermittente* qui, comme je l'ai dit, a plus d'une fois circulé, passé d'un bout de la Machine à l'autre, tellement qu'un grand nombre de bascules en apparence mues spontanément, n'agissaient réellement que comme Machines elles-mêmes, et par un mouvement communiqué, singularité qui, comme je l'ai dit encor, a produit les plus grandes catastrophes. Il serait long et difficile de vous faire bien sentir les raisons de ce phénomène moitié physique, moitié moral, et j'avouerai méme franchement que sur cela mes idées ne sont pas bien claires. Est-ce un mal nécessaire, un effet toujours certain, un inconvénient attaché à toutes les grandes réunions? Peut-on affirmer que partout ou plus de 30 intelligences, disons mieux, 30 Vanités s'assemblent, là, infailliblement quatre ou cinq d'entre elles, ou deux ou même une seule finit par être la maîtresse? Penserons-nous enfin, comme le compère Polichinelle, qu'en tout et par-tout, à table comme en affaires, la préférence est due aux petits comités? Croirons-nous au contraire que ce phénomène tenait à des causes, à des circonstances qui ne pouvaient naître qu'une ou deux fois, et qui ne se représenteront plus? Dieu le veuille! L'état présent des choses dispose peut-être à embrasser cette idée consolante. Car vous saurez, Lecteurs, qu'à quelques écarts près, la Machine à présent remplit assez bien son but. L'intelligence commune semble assez également répartie sur toutes les pieces qui la composent, et les mouvemens en en général sont droits et réguliers. Mais (je dois le dire aussi) c'est depuis peu de tems que toutes ces pieces ont repris leur intelligence, et ces mouvemens, leur rectitude. Nous devons ce bonheur à certaine commotion, certaine épuration .... Sans l'action violente d'un certain *contrepoids* salutaire et réparateur, ma foi, j'ignore........ Enfin l'époque est encore toute fraîche, et, en cela comme en toute autre chose, croyez-moi, ne jurons de rien.

Souhaitons au surplus que cet état dure et même s'améliore. Je ne puis vous cacher, Lecteurs, que vôtre intérêt est d'y bien veiller. Apprenez que dens son action toujours continuelle, par la généralité, sur-tout par la multiplicité des objets sur lesquels elle l'exerce, par les moyens dont elle dispose, enfin par la force d'opinion dont elle se sent douée, (quoique un long abus de cette force lui en ait déjà considérablement fait perdre,) apprenez que cette Machine redoutable est vraiment irrésistible, sur-tout quand son action se concentre dans une ou plusieurs mains habiles qui savent s'en emparer. Il est vrai qu'alors ses mouvemens les plus violens ne tendent qu'à la détruire elle même ; mais comme cela n'arriverait pas sans d'affreux désastres, c'est une raison de plus pour surveiller cette énorme masse et lui menager en tout tems un CONTRE-POIDS proportionné

Je ne vous ai pas encore tout dit. Nos bascules mouvantes ne restent pas longtems les mêmes. A des époques fixes et extrêmement rapprochées, (le Machiniste l'a voulu ainsi) un tiers de nos bascules est remplacé par autant de bascules nouvelles. Or on sait qu'en tout et par-tout un nouveau venu, une Vanité qui succède à une autre veut marquer, veut faire acte de pouvoir et de capacité. Suivre les traces d'un prédécesseur annoncerait un être ordinaire. Dans ce cas, *détruire* est toujours le plus facile. Détruire convient à l'être ignorant et vain ; c'est toujours par cela qu'il commence ; à l'arrivée du dernier tiers, on en a vu quelque échantillon.

J'ai lu les livres de ces Mécaniciens célèbres qui ont décrit des machines de même nature que la mienne. Tous recommandent sans cesse de surveiller, de retenir le contrepoids exécuteur. Ce n'est qu'à lui qu'ils en veulent, c'est la bête noire qu'ils voient toujours prête à tout dévorer. Ils disent à ce sujet de fort belles choses sans doute ; mais certes, et vous pourrez le vérifier, leurs Machines, leurs contrepoids n'étaient pas constitués comme ce dont il s'agit ici. Certes, au tems où nous sommes, ils penseraient comme moi que c'est la Machine qu'il faut surveiller et le Contrepoids qu'il faut soutenir. J'accorde que celui-ci voudra toujours ajouter à sa masse, augmenter son influence; mais on est là pour le retenir, pour lui rogner, la loi à la main, une excroissance illicite, pour sonner le tocsin, s'il le faut. En un mot, je suppose que dans dix, dans cent, dans mille occasions, il ait osé transgresser UNE LOI, ce ne sont après tout que mille actes particuliers, à chacun desquels le moindre citoyen peut toujours lui dire, *ha te-là.* Dans notre Machine au contraire, une bascule un peu maîtresse va bouleverser LA LÉGISLATION MEME, insensiblement va lui donner d'autres bases, un autre esprit, et si cet esprit est contraire à la charte constitutionnelle. . . . . Eh! ne nous faut il pas tous obéir et courber la tête, quand une centaine de bascules bien préparées, bien d'accord, se réunissent pour figurer ensemble dans ce jeu si commode, l'*assis et levé*?

Laissons là les livres et lisons dans nos malheurs passés; c'est le livre par excellence. Depuis 9 ans que la Machine existe, à qui devons-nous les assignats, les mandats, la guillotine ambulante, deux Constitutions successivement détruites l'une par l'autre, l'impiété, la corruption, la misère, est-ce à la Machine ou au Contrepoids? ce dernier n'existe que depuis deux ans, et déjà la Machine par lui remontée malgré elle-même, sans lui peut-être n'existerait plus. Lecteurs, je parle sans préventions, sans passion. Je les crois tous deux précieux et respectables, tous deux nécessaires l'un à l'autre. Aussi, j'y consens, ne perdons pas de vue l'action du Contrepoids; mais pour Dieu, surveillons la terrible Machine; sur-tout garde à nous dans l'*assis et levé*.

L'*assis et levé*! J'ai le cœur gros sur l'*assis et levé*; il faut que je le décharge. Bien plus. Je sens le besoin pour moi-même d'éclaircir sur cela mes idées. Je ne sais quel sentiment confus me dit que nous devons tous nos maux, tant de besogne et d'argent perdus, tant de cacades enfin au fatal *assis et levé*. Parlons en, morbleu, tout à notre aise.

Et d'abord, j'examine en général tout ce qu'a produit jusqu'à présent ce moule à loix dans la Machine à loix. Je vois depuis 9 ans : bientôt 25 mille de ces loix sorties comme autant de Minerves du cerveau de leurs peres. Il est vai qu'elles se sont détruites l'une l'autre, comme ces hommes armés que fit naître Cadmus; mais c'est après avoir tout confondu, ravageant, dans leur conflit ténébreux, et nos bourses et nos héritages.. Patience, de nouveaux bataillons, aussi nombreux encore, nous sont promis et vont, dit-on, sortir du même abyme. Dieu veuille qu'au moins ils s'accordent avec les derniers survivans ou que leur discorde bientôt appaisée ne nous soit pas désastreuse. Ainsi, après neuf ans, nous attendons encore un code civil, un code hypothécaire, un code forestier, sur les ruines des codes criminels et militaires deux autres codes plus parfaits, et puis une revision et classification generale, et puis la responsabilité, la comptabilité, les finances enfin. Dieu! les finances! *ce n'est que depuis* QUELQUES JOURS (a-t-on avoué en brumaire dernier), *qu'on a fait* QUELQUE CHOSE *en finances.* (Séance du 11. Rapport de Darracq.) Ah! Citoyen, c'est par trop modeste; je proteste contre cette assertion injuste et puisque nous voilà sur cet article important, permettez-moi de grace de réviser en général toutes les *grandes choses* qu'on a fait en finances, non pas depuis quelques jours, mais depuis 9 ans.

Bien à propos, ma foi, me revient ici ce calcul original fait par un homme qui fut doué d'un grand esprit, et que notre Machine, dans ses mouvemens désordonnés à bousculé avec tant d'autres:

» On compte, dit-il, 56 violations de la foi » publique depuis Henri IV jusqu'au ministère » du cardinal de Loménie inclusivement. Diderot » appliquait aux fréquentes banqueroutes de nos » Rois ces deux vers de Racine:

> Et d'un trône si saint la moitié n'est fondée
> Que sur la foi promise et rarement gardée.

Cette malice de ce pauvre Chamfort (Tom. 4 pag. 390.) m'en inspire une autre: c'est de chercher les violations de même nature qui ont eu lieu depuis 1789 jusqu'à présent, du moins autant que ma mémoire pourra me les rappeler. Car le tems me manque pour prendre des renseignemens exacts.

L'emprunt de 80 millions proposé par Necker, décrété en 1789; 1. La contribution patriotique restituable à une époque déterminée, époque qui réellement a eu lieu, lors de la circulation du papier-monnaie ; 2. La Vaisselle et les bijoux portés à la monnaie, à la même époque contre des récépissés remboursables à six mois de date ; 3. Assignats ; 4. Emprunt forcé ; 5. Rescriptions stipulées payables en numéraire, acquittées en mandats ; 6. Mandats ; 7. Bons délivrés aux rentiers depuis le dernier semestre de l'an quatre ; 8. Arriéré des employés, fonctionnaires publics, hôpitaux, etc. traitemens tous alimentaires, payables à jour fixe et de rigueur ; 9. Mobilisation générale de la dette ; 10.

56 violations d'une part de 1589 à 1789.

10 de l'autre de 1789 à 1797.

En les répandant uniformément sur le tems écoulé pendant qu'elles ont eu lieu, nous voyons dans un intervalle de 200 ans, par l'effet des Contrepoids sans Machines une banqueroute à-peu-près *tous les quatre ans*, et dans un intervalle de 9 ans, par l'effet des Machines sans Contrepoids ou à-peu-près, une banqueroute environ *tous les neuf mois*. — Encore une fois je cite de mémoire. Si je pêche par omission, obligez-moi, Lecteurs, de me l'indiquer au plutôt.

Je n'ai garde de vouloir porter la révision plus loin ; mais revenant sur ce cher *assis et levé*, j'y vois d'abord un acte d'une importance épouvantable, et pour la consommation duquel on ne peut trop supposer de zèle, de soins, d'étude et de recherches, je vois, dis-je, cet acte réduit dans sa fabrique *matérielle* a un procédé si simple, si prompt, si facile, qu'en vérité, ce n'est plus la peine d'en parler. En 9 ans 25 mille loix!.... le beau miracle! J'en ferai, quand on voudra, 100 mille en moins de 6 mois, avec ce procédé merveilleux.

En cet instant, Lecteurs, je ne sais si vous sentirez comme moi; mais je me sens frappé plus vivement que jamais de cette vérité, que les hommes sont de grands enfans, jouant à la chapelle toute leur vie. Que dis-je, des enfans! de vrais animaux d'habitude, tellement maîtrisés par les formes, tellement susceptibles de se familiariser avec tout, que l'objet le plus grave, le plus abstrait, le plus moralement redoutable, perd à nos yeux toute cette importance morale, à mesure que nous le voyons souvent et de plus près; à mesure sur-tout qu'on nous en facilite la manutention physique; car il entre du matériel dans tout. Tout peut donc devenir entre nos mains une besogne facile, une œuvre de routine; et, une fois parvenus à ce point, pas de doute que chacun de nous ne puisse à toute heure faire des loix, et tant qu'on en voudra, en conservant cette aisance, cette même tranquillité avec laquelle on s'habille le matin, on se déshabille le soir. Ainsi Calonne, après s'être bien diverti à la ville, retournant le soir à Versailles dans une voiture très-douce et bien éclairée, s'y débarraissait de 3 à 400 signatures qu'on attendait de lui dans tous les coins du royaume.

Comparaison n'est pas raison. Je cite ici un un misérable, en horreur à la France. Ce n'est pas que cette aisance, cette indifférence qui nous scandalise annonce toujours un cœur vicieux et corrompu. Non, sans doute. J'ai vu des dévotes de la meilleure foi du monde, manger Dieu d'abord tous les mois, avec un effroi mêlé d'amour, de reconnaissance, de noble orgueil et des sentimens les plus délicieux; ensuite le manger tous les quinze jours avec une certaine componction, mais beaucoup plus de tranquillité; ensuite tous les huit jours, en observant, ce jour-là, quelques bienséances, et se retenant un peu; ensuite le manger tous les matins comme un petit pâté. J'ai vu un Juge, blanchi sous le harnois, et brave homme au fond, n'être à la lettre qu'une Machine à sentences. Cependant on ne peut se déguiser les effets presque certains d'un pareil genre de vie, et qu'il n'est qu'un pas sans doute de l'insouciance à l'immortalité.

Si tout ceci est vrai, Lecteurs, concluons ensemble que c'est non-seulement une précaution sage, mais même une opération indispensable, si l'on veut prévenir de grands malheurs, que de charger, surcharger même de longueurs, de formalités, de cérémonies sans fin, tout acte qui par sa nature, par ses conséquences peut intéresser la société en corps, et exige de celui qui s'en charge l'emploi de toutes ses facultés. Point de doute que l'excès même en cela ne soit préférable à l'excès contraire. Je l'ai dit, Messieurs, je le répète encore; nous jouons à la chapelle toute notre vie. L'âne bien enharnaché et chargé de reliques, n'était pas seulement adoré des passans; il s'en imposait aussi, se respectait lui-même, et ne se serait permis sans doute aucune *ânerie*. Quand à vous, c'est moins un extérieur imposant qu'il vous faut que des entraves à cette vivacité française, des formalités, de l'étiquète, des grimaces même; quoique ce soit enfin, pourvu que tout cela entraînant UN LONG CÉRÉMONIAL, dispose les assistans au respect, les *Officians* à la gravité et au recueillement que le sujet exige. Tant que vous négligerez ces précautions, tant que vous viserez au plutôt fait, on vous verra sans cesse faire et défaire, vous ne paraîtrez toujours que des pantins-bascules, et votre forteresse reblanchie, votre uniforme, les broderies et les franfreluches ne seront qu'un ridicule de plus (*).

Courage, mes chers Lecteurs, et si nos raisonnemens sont justes, sachons les appliquer à

(*) Qu'on ne m'oppose pas la formalité des trois lectures ordonnées par la Constitution; je crois fermement qu'elle ne remplit pas son objet, 1.° parce qu'on peut l'éluder au besoin par une déclaration d'urgence; 2° parce que les deux premières lectures, déjà considérées comme une chose de forme, remplissent l'intervalle de tems consacré au petit ordre du jour, au fretin, comme je l'ai dit; 3.°, enfin, parce qu'il s'agit moins ici *d'alonger le tems* qui s'écoule de la loi proposée à la loi rendue, que *d'alonger le cérémonial*, les formes mêmes qui président à la création de la loi. L'alongement des formes, en commandant l'attention, empêche les étourderies, les surprises; l'alongement du tems fait qu'elles ont lieu plus tard et voilà tout.

(*Voyez la Note ci-après*, Page 41.

notre objet. Car dans cette recherche nous opérons ensemble, comme bien vous savez, et c'est avec vous que je m'instruits. Je pense donc qu'en revoyant sous ce point de vue notre Machine intelligente, nous devons, en Citoyens libres, risquer auprès d'elle sur cela quelques petites *remontrances*, et conservant tout le respect qui lui est dû, nous pourrions, ce semble, lui parler ainsi.

« Citoyenne Machine. au nom de la Patrie si intéressée à tous vos mouvemens et que le moindre de vos écarts peut mettre en danger, nous croyons devoir vous représenter qu'au lieu de faire hnit à dix lois par jour, l'un portant l'autre, il nous serait bien plus avantageux que vous n'en fissiez qu'une par décade, et que surtout dans la fabrication de chacune d'elles, sur quelque matière que ce soit, il vous plût vous astreindre à des formes plus imposantes, plus longues, et plus sûres dans tous les cas que celle adoptée communément ».

» Nous savons trop bien que vous avez encore une immense quantité de loix à faire ou plutôt à refaire. Mais d'abord, nous attendrons, s'il faut, tout le tems convenable. Deplus, s'il est vrai qu'on doit restreindre ce mot *loi* à son sens précis et rigoureux, si la loi n'est et ne peut être *qu'une expression de la volonté gènérale, générale comme elle, considérant les sujets en corps et les actions comme abstraites, jamais un homme comme individu, ni une action particuliere,* (Contrat Social liv. 2. chap. 6) il est certain qu'en vous conformant à cette restriction, vous

vous réduiriez considérablement le nombre des loix qui vous restent à faire; et, pour le dire en passant, si de ces 25 mille lois, résultat effrayant de vos travaux, on ôtait toutes celles qu'on ne peut réellement appeller *loix*, d'après la définition précédente, toutes celles qui ne sont que la répétition d'une loi antérieure, toutes celles qu'on vous dictait au hazard et qui n'auraient jamais dû naître, ce nombre imposant de 25 mille se réduirait indubitablement au 100.e Toutes ces considérations, citoyenne Machine, nous fournissent la remarque suivante que nous vous supplions d'agréer ».

« Si dès le commencement vous eussiez été astreinte à des formes plus longues, à un mode plus embarrassant, forcée par la nécessité et par le desir de suffire à tout, vous vous seriez bornée à faire des loix proprement dites, et rien que des loix. C'est donc parce que vous pouviez en faire dix en un quart-d'heure, et qu'entre-nous soit dit, il y a toujours du plaisir à *décréter*, quand il en coûte si peu; c'est pour cela que maintenant, chargée d'une révision de 25000 loix, ou soi-disant telles, vous gémissez sous le poids d'un fardeau que vous vous êtes imposé vous-même. En poussant plus loin encore la franchise, nous ajouterons : c'est parce que vous jouissez encore de la même faculté, de la même aisance, qu'on vous voit encore chaque matin *résoudre*, *résoudre*, régler mille objets particuliers étrangers à votre nature, une pension à celui-ci, une indemnité à celui-là, l'aliénation d'un presbytère, le déplacement d'une école, le mariage d'une fille, etc, etc., chaque jour enfin nous donner pour loix ce qui n'en est pas (*). Tous les maux sans nombre qui doivent résulter de cet état de choses, de ces attributions illégales et forcées, votre conscience vous les fera tous sentir, il serait trop long de les détailler. Ne nous arrêtons ici qu'à ce qui peut frapper les yeux, qu'au spectacle que vous présentez; spectacle affligeant, il faut vous le dire, et dont vos efforts actuels, vos bonnes intentions, dont nous ne doutons point, ne feront pas cesser le scandale, tant que vous ne remonterez pas à la source du mal ».

« A midi, nous entrons dans votre intérieur, la salle est encore vide. Vers une heure, on vous voit enfin un peu en mouvement; c'est l'ouvrage de quelques bascules parsemées, agissant mollement et à peine occupées de leur chose. Il est vrai qu'à cette heure le travail n'est qu'un jeu; c'est un petit paiement à prescrire, un Juge de paix à morigéner, une petite concession à faire, un bout de loi enfin pour tel tribunal, tel village, et autres *broutilles* de cette espèce. C'est la besogne courante, c'est le fretin. Il ne faut pas tant de bascules pour cela. A deux heures et demie arrivent toutes les autres; *toutes*, c'est-à-dire, une centaine de plus qu'on attend, et dont le travail est prêt. Chacune en entrant se place, se déplace, prend l'air du bu-

(*) *Jam non modò in commune, sed in singulos homines latæ questiones, et, corruptissimâ Republicâ, plurimæ leges.* Tac. *Annal. lib.* 3.

reau, s'informe comme au théâtre, la toile étant levée, l'arrivant demande à ses voisins à quelle scène on en est. Tout ce remue-ménage, une fois terminé, alors les objets importans sont mis sur le tapis, véritablement alors le travail commence; et quand, dès cet instant, jusqu'à environ quatre heures, l'assis et levé a décidé deux ou trois grandes questions, c'est ce qu'on peut appeller une bonne journée ».

« Quoi donc, citoyenne Machine, un Juge absent de son tribunal est *pointé* par son greffier, et perd son droit de présence; un membre de l'Institut perd ses jettons dans un cas pareil; un pauvre Employé, arriéré de sept mois, s'il arrive après dix heures, est vigoureusement tancé par son chef; et vos bascules jouiront à cet égard, et contre la loi qu'elles se sont faites à elle-même, d'une liberté indéfinie? Pourquoi, hors le cas d'empêchement grave et bien prouvé, pourquoi TOUTES ne contribueraient-elles pas, au moins par leur présence forcée, à un acte dont toutes sont responsables à la France entière? Si l'on nous objecte le travail du cabinet, la réunion des Commissions, l'impossibilité d'être en plusieurs lieux à la fois, nous répondons que rien ne vous oblige à travailler en masse tous les jours. Encore une fois, resserrez vos limites législatives, prenez sur vous de ne faire que des loix, et votre travail simplifié à un point que vous n'imaginez pas peut être, vous fera trouver des jours, non pas de relâche, mais uniquement consacrés à la méditation et à la préparation des matières. Bien plus, nous ne concevons pas comment ce travail général et bruyant, qui vous est imposé tous les jours, n'est pas pour toutes les pièces qui vous composent un vrai supplice. La meilleure tête n'y suffirait pas, et il faut toute la latitude qu'elles se sont donnée de tout tems, pour que cet état de choses ait pu subsister neuf ans sans discontinuation ».

Ce discours, Lecteurs, ne paraîtra pas trop long, je pense, et la Machine pourra l'entendre jusqu'au bout. Elle en a supporté tant d'autres cent fois plus longs, moins pleins de choses, et qu'elle a fait imprimer à six exemplaires par bascule. Elle ne fera pas trop mal d'en ordonner autant pour celui-ci.

A mon tour, je dois penser aussi à terminer ma description. Je crois en avoir dit assez pour vous engager à jouir d'un spectacle singulier et nouveau, même pour ceux qui parmi vous en ont déjà passé leur envie. Que ceux donc qui connaissent déjà ma Machine retournent encore la voir; ils verront qu'on a pensé enfin à donner à toutes ses pièces une couleur uniforme, qu'on a donné au spectacle plus de dignité, surtout plus d'éclat. Mieux vaut tard que jamais sans doute. Mais au sujet de cette dignité, cette représentation, cet *éclat*, dont la Machine elle-même paraît maintenant desirer beaucoup de s'environner, je veux, usant jusqu'au bout de mon privilége de bavard, faire encore ici, Lecteurs, une petite observation.

C'est au Contre-poids, à mon avis, que convient expressement cet appareil de luxe et d'ostentation, ce grand attirail, ce concours bruyant de cavaliers et de soldats ; c'est *éclat* proprement dit, qui fascine les yeux, dispose à la soumission et au respect par l'idée de la force et de la puissance, sur-tout par l'impression physique du fracas et d'un appareil militaire. Pour la Machine, c'est tout autre chose. Ce n'est pas précisément la soumission et le respect qu'elle doit inspirer' (qu'elle soumission doit-on à qui n'a pas la force en main?) c'est la vénération ; c'est ce sentiment de reconnaissance mêlé d'amour dû aux vrais Pères de la patrie, sentiment paisible et réfléchi que le bruit, que l'éclat, que la richesse des vêtemens effarouche, que favorise au contraire la gravité, la simplicité, le silence. Son extérieur décent, mais modeste, et même un peu sévère, doit donc n'offrir aux yeux rien d'inutile et d'éblouissant. Le Contre-poids fait pour *agir*, pour paraître au-dehors, doit à chaque instant annoncer la force, l'opulence, et commander l'admiration aux étrangers. Qu'en le voyant le coupable tremble, et que l'honnête homme soit fier d'avoir, dans ce rédoutable dépositaire de la force publique, un protecteur si puissant. La Machine faite seulement pour *établir des principes d'action*, ne peut sortir de son enceinte. (Constitution, art. 72). C'est un sanctuaire auguste où le Citoyen vient se recueillir, connaitre toute l'étendue de ses droits, et apprendre à chérir ceux qui l'en instruisent. Enfin l'un doit toujours parler aux yeux et à l'imagination pour qu'on le craigne et qu'on l'admire ; l'autre n'a besoin de rien de tout cela. Si elle se rend maître des esprits et des cœurs, ce n'est que par l'opinion qu'on a de sa sagesse, et par le sentiment de ses bienfaits. L'éclat extérieur qui lui convient, c'est qu'on la bénisse, *qu'on la vénère*, qu'on soit prêt à lui sacrifier sa vie.

En jugeant sur ces principes, Lecteurs, vous rirez bien, je pense, quand vous verrez notre Machine gardée par des canons, par des hussards, par un régiment d'hommes à moustaches, hauts de six pieds, la baïonnette au bout du fusil; quand vous verrez cette vaste enceinte de pierres, comme pour se barricader en cas de siège, et puis cette dépendance de rues et de carrefours, où elle exerce sa police, et formant à-peu-près le quart de la ville. Mais vous rirez sur-tout, ou vous pleurerez peut-être, suivant le cours que prendront vos idées, quand vos yeux éblouis verront de l'or, de la soie, des broderies, et les bascules plier sous le poids d'une frange énorme, presque massive, et qui leur bat les molets; quand vous verrez.... mais j'oublie qu'il faut aussi vous laisser quelque chose à décrire.

Dans ce nouveau local, l'intérieur vous plaira; mais le choix du local lui-même, et sa position, pourront vous conduire à des réflexions assez tristes. De bonnes gens avaient proposé de placer tout simplement la Machine dans le même bâtiment et à côté d'une autre Machine de même nature, et dont elle est inséparable. Des motifs politiques d'un grand poids, appuyaient même cette proposition. En cas d'émeute populaire, que sait-on? En cas de guerre entre les deux

Machines, (*quod Dii errorem hostibus illum*) un même toît, une enceinte commune étaient déjà un moyen de rapprochement, un obstacle naturel à des projets coupables d'investissement. On n'en a pas tenu compte. Ne faut-il pas être logé *chez soi ?* Avec plus de frais que n'en eût coûté un édifice tout nouveau, on a donc fait d'un palais élégant une masse lourde et ridicule; et ce qu'il y a de plus singulier, Lecteurs, c'est qu'il n'y manque que des créneaux pour avoir la forme d'une vraie forteresse. On dirait que se croyant entourée d'ennemis, la Machine a voulu se ménager une défense, une retraite inexpugnable. Dieu sait si je lui souhaite quelque mal; mais en vérité je la plains, si sa conservation n'a pas d'autre garantie que ses pierres de taille entassées, son *territoire*, ses ridicules canons et ses grenadiers.

Je ne sais si cette plaisanterie, un peu trop alongée peut-être, remplira son but. Je ne crois pas au moins que beaucoup de gens se méprennent sur les vrais motifs qui me l'ont dictée. Le ciel m'est témoin que je n'ai pas voulu ridiculiser un objet respectable, mais seulement présenter sous une forme piquante des idées que je crois utiles. Je me dois à moi-même de faire cette déclaration, avec d'autant plus de raison que déjà quelques écrits de même nature, ont fait concevoir de moi une opinic
dont d'autres tireraient vanité peut-être ; mais pour
injurieuse, et que je repousse avec horreur.

Quand deux fois, sous le nom de Polichi
m'avisai d'écrire sur les finances; moi indi
pourtan en céla j'eus le bonheur d'être pro
pays, le Magistrat me fit mander, m'in
mander encore quand, sous le même ma

...m
moi
...uelle, je
...se, et que
...phête en mon
...terrogea. me fit
...sque, j'écrivis sur

la Constitution (*). Ma justification ne fut pas longue ; et certes, dans toutes ces occasions, je n'ai voulu autre chose que faire parler un instant à la Raison le langage de la Folie et ainsi faire au moins entrevoir des vérités très-peu risibles. Eh ! quel autre moyen employer maintenant ? Consumez-vous donc dans un ouvrage sérieux, quand on n'en lit plus aucun. Les Romans même déjà ne se vendent plus. Je demande quels acheteurs dans le tems où nous sommes, quels lecteurs j'avais droit d'attendre, si dans un ouvrage bien compassé, bien sévère, je m'étais morfondu à développer ces idées auxquelles je tiens, et qui valent au moins la peine d'être examinées.

1.° Un Corps Législatif revêtu comme le nôtre de toute la puissance du Peuple est essentiellement DESTRUCTEUR ; et notre Corps éxécutif au contraire essentiellement CONSERVATEUR. La division en deux Chambres est un obstacle à la propension usurpatrice du premier ; j'en conviens, l'obstacle est majeur, mais non insurmontable et il ne change rien a l'essence de la chose. C'est donc précisément l'à rebours des Constitutions précédemment connues dans lesquelles le Peuple ne fut jamais complètement représenté. et où le Pouvoir Exécutif avait des appuis et des moyens de puissance qu'il n'a point parmi nous. Donc, mes amis, soutenons celui-ci. Qu'il fasse plutot cent fois un pas en avant qu'un pas en arriere, je le dis tout net, et faisons, s'il se peut, lâcher pied au Corps usurpateur. Si mes raisonnemens sont faux, je ne suis qu'une bête, soit ; mais les faits toujours sont pour moi. Je suis fort avec mon 18 fructidor.

2.° L'*Assis et levé*, avec lequel ils font une loi aussi aisément que les Municipes d'un village décident l'achat d'une lanterne, a fait depuis 9 ans les malheurs de la France. C'est mon opinion qu'il est

(*) La Vérité à la Commission des Onze.

DEFECTUEUX DANS SON PRINCIPE ; je le démontre *arithmétiquement.* C'est mon opinion que tant qu'il subsistera, loin de pouvoir jamais nous donner une législation fixe et bien éclaircie, ils ne feront qu'ajouter au cahos des loix passées, le cahos des loix à venir.

3.° C'est mon opinion que les hommes étant tous de grands enfans qu'on conduit à dix ans avec des verges et des gâteaux, à 30 ans avec des peines afflictives et des écus, la Constitution a mal fait de s'en rapporter aux Représentans eux-mêmes pour les articles les plus importans de leur police intérieure. Je voudrais au moins des moyens coactifs qui, à chaque séance, depuis dix heures jusqu'à quatre, les obligeassent TOUS d'être à leur poste, pour y faire leur métier, tout leur métier, rien que leur métier. Quelques écus à gagner ou à perdre en feraient l'affaire, et je réponds qu'aucun ne voudrait perdre son argent. — Que dis-tu là manant ? Nous prends-tu pour des grimes ? — Pas précisément pour des grimes, Citoyens, mais pour de grands enfans.

4.° C'est mon opinion que tout ira toujours mal, que nous courerons toujours de grands dangers, tant qu'ils ne se borneront pas à faire des loix. Mais que dis-je ? ces écarts, cet empiètement tient à l'étrange facilité avec laquelle ils font des loix, tient donc à l'*assis et levé.* Me voilà revenu au point d'où j'étais parti. (*)

Pardon, Lecteurs, pardon Lectrices, d'oser parler si long-tems sur ce ton sérieux que vous ne pardonnez point. J'ai fini ; mais, qui que

(*) N'attribuons qu'à l'*assis et levé* ce ton général d'indolence et d'insouciance qui révolte. Quelle forme en effet plus provocante à la paresse, qui favorise mieux l'apathie ou la distraction des délibérans ; enfin, disons-le sans ménagement, quelle forme reçoit plus l'influence

vous soyez, si, sur le titre de ma brochure, vous y avez cherché un aliment à la haine,

---

de la disposition physique et d'une digestion plus ou moins laborieuse? Je propose cette curieuse expérience: si quelque jour on s'avisait, après un *assis et levé* d'essayer la forme inverse; c'est-à-dire, après qu'un certain nombre de membres aurait énoncé un vœu quelconque EN SE LEVANT, si le Président disait à toute l'Assemblée d'énoncer le même vœu EN RESTANT ASSIS, n'y a-t-il pas à parier que, dans ce dernier cas, un bien plus grand nombre de membres se déclarerait pour ce même vœu qui, dans le premier cas, n'avait pas eu la force de leur faire lever le derriere? A Rome, chaque Sénateur allait se ranger du côté de celui dont il adoptait la proposition. Je réponds que cette forme qui ferait sortir chacun de sa léthargie, qui *remuerait* corporellement plus que l'*assis et levé*, remuerait aussi davantage les esprits. Oui, tel donne son avis nonchalamment et sans examen, on ne daigne pas même le donner quand on ne lui demande qu'un signe de .... téte, y regardera, certes, à deux fois, quand il faudra passer d'un bout de la salle à l'autre, s'agiter, *remuer* enfin.

Second point de mon sermon: Je remarque que la Constitution monarchique de 1791, que la Constitution anarchique de 1793 contenaient toutes deux un long article des *attributions du corps législatif*, tandis que la constitution républicaine n'en dit PAS UN MOT. Elle a donc pensé que tout était compris dans ce mot: *législatif*, PORTE-LOIX. Nos Représentans n'ayant donc réellement à faire que des loix, pourquoi ne s'astreindraient-ils pas à l'appel nominal POUR TOUS LES CAS? Plus la forme sera gênante, plus ils auront intérêt de diminuer le nombre des loix à faire, et je ne vois à cela qu'un très-grand bien. On sait qu'avec l'*assis et levé*, l'excès contraire a été poussé jusqu'à la dérision; on sait que la Convention à elle seule a rendu trois fois autant de loix que les deux Assemblées qui l'ont pré-

une moisson de sarcasmes contre l'ordre établi, c'est bien tant pis pour vous; ce n'est pas ce que

---

cédée; que dan ses deux dernières séances (3 et 4 brumaire) elle en a rendu 86, dont plusieurs font chacune un volume *in*-8.° de plus de 100 pages. Eh bien! aux trois lectures près, qui, comme je l'ai dit, ne remplissent guères leur but, qui peut empêcher nos Représentans d'avoir maintenant encore, la même promptitude, la même fécondité ?

Ce n'est pas tout : quand les loix ne sont que précipitées, même injustes, la chose sans doute n'est pas sans remède. Le comble des maux, c'est quand sous le nom de *loix*, disposant de mille objets particuliers, ils substituent leurs passions à la volonté toujours droite, toujours pure du vrai Législateur. C'est alors qu'on ne les juge plus en Corps, mais personnellement et comme individus; on ne les accuse plus d'erreur, mais de corruption ; ils ne s'exposent plus à nos plaintes, mais à nos mépris, et, certes, le pire état que nous ayons à craindre, n'est pas d'avoir un Corps législatif ignorant ou même coupable, mais un Corps législatif avili. — C'est à cet état pourtant que l'*assis et levé* peut nous conduire ; c'est par lui que nos Représentans les plus honnêtes se laissant eux-mêmes insensiblement entraîner hors des limites législatives, se trouvent engagés dans des discussions où l'intérêt particulier seul parle, seul domine. Quand cet état devient habituel, qu'arrive-t-il? De ces *loix* vraiment loix, on leur en voit faire plusieurs en une heure ou deux de la manière la plus leste; ils vous les jettent à la tête par gros *in*-8.°; mais s'agit-il de leurs ports-de-lettres, par exemple ? grande discussion, débats très-animés, résolutions prises et rapportées plusieurs fois, jamais objet plus profondément réfléchi et considéré sous plus de faces. Dernièrement deux séances presqu'entières se consument : grande agitation, grand tapage: de quoi s'agissait-il donc ? de la saisie de leurs manteaux.

j'ai voulu vous y faire trouver. J'espère au moins que parmi vous, ceux dont j'ambitionne

---

A propos de manteaux, ce seroit chicaner sur les mots peut-être d'objecter que la Constitution donnant un *traitement* aux Directeurs, une *indemnité* aux Représentans, ceux-ci sont *indemnes* sur cet objet comme sur toutes les autres dépenses que leur fonction exige, logement, nourriture, etc; j'observe seulement que si le costume leur est donné en sus de l'indemnité, il y a même raison pour le donner aussi à tous les fonctionnaires à costume en sus du traitement, que cette extension même est de toute justice et peut seule légitimer cette interprétation si favorable de la loi sur les costumes. Quand au costume en lui-même, c'est encore avec douleur que lesbons citoyens ont cru voir danssa détermination l'influence de cet intérêt particulier si souvent provoqué par des délibérations étrangères dans le sein du Corps *porte-loix*. Il est clair que puis qu'on faisait tant de changer la loi primitive, une robe, une simple simarre suffisait au moins pour un tems de pénurie et d'ailleurs remplissait parfaitement le but. On peut donc voir avec une sorte de peine ce costume former un habillement d'usage, bien complet, bien conditionné, un bon habit, deux gilets, deux pantalons, (équipage, par parenthèse, assez cavalier pour un personnage auguste et toujours assis) sans oublier même deux paires de bottines, et Dieu veuille que les fournitures n'aillent pas plus loin. Ainsi la défroque du Membre sortant en Prairial lui formera toujours un petit fonds de garde-robe assez gentil. C'est moins sans doute la valeur réelle de ces minuties qui peut exciter des murmures que les petits calculs, les petites vues qu'elles supposent et qui fournissent aux malveillans autant de moyens de nuire et de dépopulariser. Eh quoi! dit-on encore, si la séance ne commence qu'à une heure, lorsqu'on n'a qu'à secouer en entrant la poussière de ses pieds, elle commencera donc à deux quand il faudra s'habiller de pied en cap? En ce cas que peut-on faire de mieux que d'avoir dans

l'estime, ceux même qu'un intérêt de Corps pourrait disposer à la vengeance et aux plus

---

le *vestiaire* des *Vestiers* qui accéléreront la toilette? ... Que de pauvretés à la suite d'une première, à la suite de l'exécrable *assis et levé* !

Très-certainement le plus grand nombre de nos Représentans ou gémit sur cet état de choses ou n'en sent pas les conséquences : très-certainement la majorité est saine et pure; je le dis, parce que je le pense, quoique je n'en connaisse particulièrement aucun. Tout ce que je me suis permis de relever ici ne tient qu'à un ordre de choses vicieux, et non à la corruption des individus. Ici, comme en bien d'autres choses, la *forme* a entraîné, a déterminé le *fond*. C'est la FORME SEULE que j'ai attaqué, que je me suis plu à accabler des traits du ridicule, parce que c'est la seule arme de bon usage actuellement, et qu'un bon Citoyen ne doit rien négliger de ce qui peut militer pour la bonne cause. Souvent, quand l'égoïsme et l'insouciance semblaient vouloir dominer dans le sanctuaire des lois, nous les avons vus vivement combattus par des hommes purs, et cependant convenons qu'ils ont quelquefois faibli, et manqué entr'autres une occasion bien favorable, bien brillante.

La voici : il est de fait que dans le tems de la plus grande détresse du trésor public, quand tous les Employés après trois, quatre, cinq et même sept mois d'attente, fesaient vainement entendre leurs *supplications*, il est de fait que les Représentans n'ont jamais cessé d'être *indemnes*. On sait avec quelle rigueur, quelques jours avant l'échéance, les ordres étaient intimés aux Commissaires de la trésorerie, et ces ordres toujours suivis. Dans le tems même des mandats, on sait que les myriagrammes *évalués en mandats* leur étaient payés à raison du prix qu'ils auraient coûté sur la place, en les achetant avec cette monnaie, et qu'ainsi chacun d'eux a dû toucher jusqu'à 9000 francs par mois, (payement qui, par parenthèse, coïncide avec la faculté qu'on obtint alors

odieux soupçons, ne verront dans cette folie que l'expression masquée d'une douleur réelle, un

---

d'acquérir des Domaines par soumission) se peut-il donc qu'à ces différentes époques, aucun membre ne se soit levé pour provoquer un acte généreux, au moins un sacrifice partiel commandé par l'humanité, par le patriotisme, par la politique même? Quelle gloire il eût acquise! quelle opinion il eût donné de lui! Je conçois qu'on aurait pu entendre un beau tapage; mais quelqu'en eût été le résultat, le nom de cet homme sensible, de ce vrai Citoyen eût retenti dans tous les coins de la France, eût été répété avec attendrissement par chaque Employé dans son triste ménage. Tout en mangeant pain et viande à crédit, nous nous serions dit l'un à l'autre: « prenons » patience, amis et collègues; de bonnes ames s'inté» ressent à notre sort. Tôt ou tard, elles feront quelque » chose pour nous ».

Ecartons ces tristes idées. Croyons que ces bonnes ames existent, et en grand nombre. Les grands orages sont passés; les passions calmées, les petits intérêts satisfaits laisseront un libre essor aux vertus publiques et un grand acte de générosité, un sacrifice éclatant réparera tout: j'ose même le prévoir et le spécifier ici. Déjà mille *mentions honorables* ont consacré les vertueux efforts de tous les Employés et salariés quelconques qui, dans leur détresse, ont encore voulu contribuer aux frais de la descente et au soulagement des prisonniers français. Ces mentions, ces cris de *vengeance, vengeance* dont a retenti le nouveau palais ne seront point vains. Ils nous assurent d'avance que les Législateurs feront dans cette occasion un sacrifice digne d'eux. Après avoir donné à Bonaparte un dîner somptueux, une si belle décoration en sucre, ils craindraient de passer auprès de lui pour des Jeans-*sucres*, si, en le régalaant encore à son départ, ils ne lui mettaient pas en poche une bonne somme bien ronde, pour ses petits besoins pendant le voyage. S'ils n'ont encore sur cet article énoncé aucun vœu, c'est pour

langage emprunté pour forcer les rieurs eux-mêmes à réfléchir un peu. J'espère qu'enfin, malgré qu'ils en aient, ils reconnaîtront dans l'Auteur un bon citoyen, un honnête homme, sans prétentions d'ailleurs, sans projets d'aucune nature, obscur et satisfait de l'être, solitaire, républicain-pratique, qui signerait ici en toutes lettres, s'il ne croyait pas qu'il est toujours ridicule de dire ainsi : *me voilà*, quand on ne doit que dire, *voilà mon ouvrage ;* mais prêt à se présenter au Magistrat, pour rendre en tout tems raison de ses écrits et de sa conduite.

---

confirmer cet adage, qu'avec des cœurs généreux on ne perd pas pour attendre c'est qu'étant à tous égards des mieux traités, ils veulent aussi, par la plus riche offrande, l'emporter sur tous les autres, et, pour mieux jouir enfin de leur gloire, terminer l'honorable liste...... C'est trop juste.

Division du Roule.

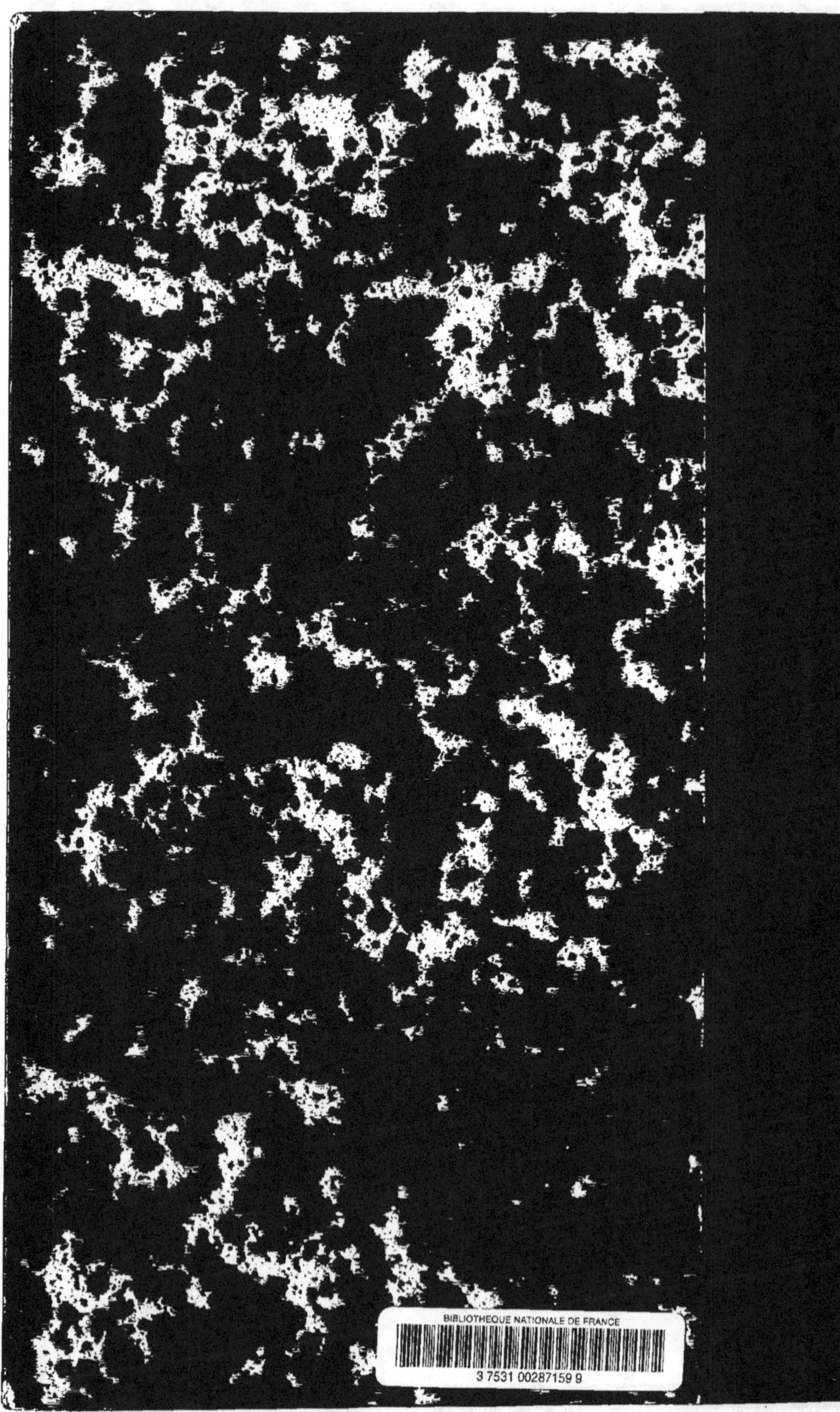
BIBLIOTHEQUE NATIONALE DE FRANCE
3 7531 00287159 9

www.ingramcontent.com/pod-product-compliance
Lightning Source LLC
LaVergne TN
LVHW010058230826
846091LV00005B/1996

* 9 7 8 2 0 1 3 3 7 5 1 7 7 *